무량공덕2 무비스님 편저

천수 · 반야심경

독송(讀誦) 공덕문(功德文)

부처님은 범인(凡人)이 흉내 낼 수 없는 피나는 정진(精進)을 통해 큰 깨달음을 이루신 인류의 큰 스승이십니다. 그 깨달음으로 삶과 존재의 실상(實相)을 바르게 꿰뚫어 보시고 의미 있고 보람된 삶에 대하여 가르치셨습니다.

부처님의 가르침을 전하는 사람을 법사(法師)라고 하는데, 법화경(法華經) 법사품(法師品)에는 다섯 가지 법사에 대하여 설파하고 있습니다. 그 첫째는 경전을 지니고 다니는 사람, 둘째는 경전을 읽는 사람, 셋째는 경전을 외우는 사람, 넷째는 경전을 해설하는 사람, 다섯째는 경전을 사경하는 사람입니다. 이 중 한 가지만 하더라도 훌륭한 법사이며, "법사의 길을 행하는 사람은 부처님의 장엄(莊嚴)으로 장엄한 사람이며, 부처

님께서 두 어깨로 업어주는 사람이다." 라고 말씀하고 있으니 세상을 살아가면서 이보다 더 큰 보람과 영광이 어디에 있겠습니까?

  이번에 제작된 <무량공덕 독송본>은 항상 지니고 다니면서 읽고 베껴 쓸 수 있는 경전입니다. 부디 많은 분들이 이 인연 공덕에 함께 하시어 큰깨달음 이루시고 행복하시기를 기원합니다.

독송공덕수승행 무변승복개회향
讀誦功德殊勝行 無邊勝福皆廻向(독송한 그 공덕 수승하여라, 가없는 그 공덕 모두 회향하여)

보원침익제유정 속왕무량광불찰
普願沈溺諸有情 速往無量光佛刹(이 세상 모든 사람 모든 생명, 한량없는 복된 삶 누려지이다.)

       불기2549(2005)년 여름안거
       금정산 범어사 如天 無比 합장

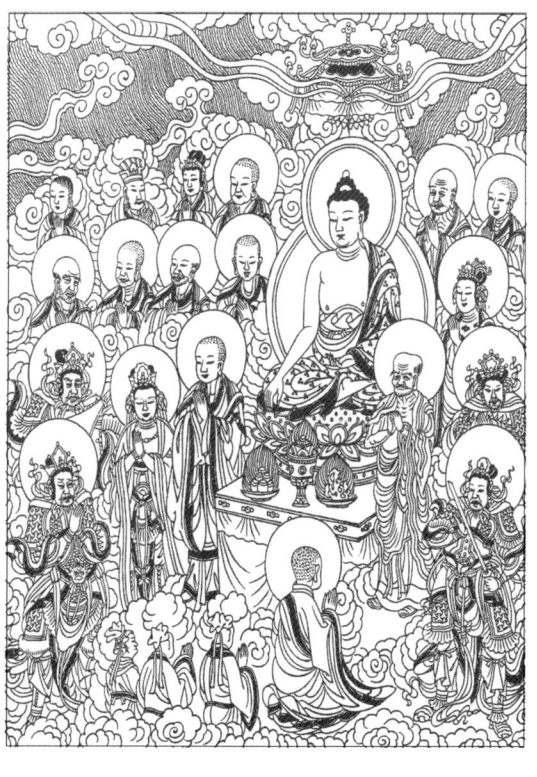

차례

예불문·········· 7

천수경·········· 15

한글천수경·········· 58

반야심경·········· 81

한글반야심경·········· 86

예불문

禮佛文

상단예불

[다게(茶偈)] (아침)

아금청정수 변위감로다
俄今淸淨水 變爲甘露茶

봉헌삼보전 원수애납수
奉獻三寶前 願垂哀納受

원수자비애납수 원수애납수
願垂慈悲哀納受

[오분향례(五分香禮)] (저녁)

계향 정향 혜향 해탈향 해탈지견향
戒香　定香　慧香　解脫香　解脫知見香

광명운대 주변법계 공양시방 무량불
光明雲臺　周遍法界　供養十方　無量佛

법승
法僧

헌향진언
獻香眞言

옴 바아라 도비야 훔 (세번)

● 다기를 올릴 때는 아금청정수부터 하고 안 올릴 때는 지심귀명례부터 함.

지심귀명례 삼계도사 사생자부 시아본사
至心歸命禮 三界導師 四生慈父 是我本師

석가모니불
釋迦牟尼佛

지심귀명례 시방삼세 제망찰해 상주일체
至心歸命禮 十方三世 帝網刹海 常住一切

불타야중
佛陀耶衆

지심귀명례 시방삼세 제망찰해 상주일체
至心歸命禮 十方三世 帝網刹海 常住一切

지심귀명례 달마야중
至心歸命禮 達磨耶衆

지심귀명례 대지문수 사리보살 대행보현
至心歸命禮 大智文殊 舍利菩薩 大行普賢
보살 대비관세음보살 대원본
菩薩 大悲觀世音菩薩 大願本
존 지장보살 제존보살 마하살
尊 地藏菩薩 諸尊菩薩 摩訶薩

지심귀명례 영산당시 수불부촉 십대제자
至心歸命禮 靈山當時 受佛咐囑 十大弟子
십육성 오백성 독수성 내지천
十六聖 五百聖 獨修聖 乃至千

지심귀명례 이백제대아라한 무량자비성중
至心歸命禮 二百諸大阿羅漢 無量慈悲聖衆

지심귀명례 서건동진 급아해동 역대전등 제대조사 천하종사 일체미진 수 제대선지식
至心歸命禮 西乾東震 及我海東 歷代傳燈 諸大祖師 天下宗師 一切微塵 數 諸大善知識

지심귀명례 시방삼세 제망찰해 상주일체 승가야중
至心歸命禮 十方三世 帝網刹海 常住一切 僧伽耶衆

유원 무진삼보 대자대비 수아정례 명훈가
唯願 無盡三寶 大慈大悲 受我頂禮 冥熏加

피력 원공법계 제중생 자타일시 성불도
被力 願共法界 諸衆生 自他一時 成佛道

三歸依 삼귀의

歸依佛 귀의불 兩足尊 양족존 거룩한 부처님께 귀의합니다.

歸依法 귀의법 離欲尊 이욕존 거룩한 가르침에 귀의합니다.

歸依僧 귀의승 衆中尊 중중존 거룩한 스님들께 귀의합니다.

천 수 경
千 手 經

◇ **정구업진언** (입으로 지은 죄업을 깨끗이 하는 진언)
淨口業眞言

수리수리 마하수리 수수리 사바하 (세번)

◇ **오방내외안위제신진언** (모든 신을 편안케 하는 진언)
五方內外安慰諸神眞言

**나무 사만다 못다남
옴 도로도로 지미 사바하** (세번)

개경게 (경을 펼치는 게송)

◇ 開經偈

무상심심미묘법
無上甚深微妙法

백천만겁난조우
百千萬劫難遭遇

아금문견득수지
我今聞見得受持

원해여래진실의
願解如來眞實意

부처님의 법은 가장 높고
가장 깊고 가장 미묘해서
수억만년의 오랜 세월 동안에도
만나뵙기 어렵지만

저는 이제 불법을 듣고
경전을 보고 간직하오니

원컨대 부처님의 진실한 뜻을
잘 알게 해 주십시오

◇ **개법장진언** (진리의 법장을 여는 게송)
開法藏眞言

옴 아라남 아라다 (세 번)

천수천안 관자재보살 광대원만 무애대비심 대다라니 (천수천안 관음보살 광대하고 걸림없는 대비심의 다라니)
千手千眼 觀自在菩薩 廣大圓滿 無碍大悲心
大陀羅尼

계청 (읽어서 청하는 게송)
啓請

계수관음대대비주
稽首觀音大悲呪

원력홍심상호신
願力弘深相好身

천비장엄보호지
千臂莊嚴普護持

천안광명변관조
千眼光明遍觀照

진실어중선밀어
眞實語中宣密語

무위심내기비심
無爲心內起悲心

자비의 어머니 관세음보살 대비주께
머리 숙여 귀의합니다

님의 원력은 넓고 깊으며
그 모습은 너무나 원만하여

천개의 장엄하신 손으로
널리 보호하고 감싸주시며

천개의 눈으로 빛을 내어
두루 관찰하여 비추십니다

진실한 말 가운데 비밀스럽고
불가사의한 말씀을 베풀어

아무 조건 없는 가운데
자비심을 일으킵니다

속령만족제희구 速令滿足諸希求
중생들의 온갖 소원 하루 속히
이뤄져서 만족하게 하시고

영사멸제제죄업 永使滅除諸罪業
모든 죄업 영원히
소멸시켜 없애 주십니다

천룡중성동자호 天龍衆聖同慈護
천룡 모든 성인들
다 자비로 보호하시어

백천삼매돈훈수 百千三昧頓熏修
백천 가지 온갖 삼매를
한꺼번에 익히고 닦아서

수지신시광명당 受持身是光明幢
받아지닌 저의 몸은
큰 광명의 깃발이며

수지심시신통장 受持心是神通藏
받아지닌 저의 마음은
신통의 창고 같으니

세척진로원제해 洗滌塵勞願濟海
초증보리방편문 超證菩提方便門
아금칭송서귀의 我今稱誦誓歸依
소원종심실원만 所願從心悉圓滿
나무대비관세음 南無大悲觀世音
원아속지일체법 願我速知一切法

온갖 번뇌 씻어내고
원하는 바 성취하여
깨달음의 방편문
한꺼번에 성취하게 되어

제가 이제 관음대비주를
칭송 귀의하오니
원하는 바가 자신의 뜻대로
이뤄지이다

자비하신 관세음께 귀의하오니

원컨대 제가 일체 모든 법을
빨리 알게 해 주십시오

나무대비관세음 南無大悲觀世音
願我早得智慧眼
자비하신 관세음께 귀의하오니
원컨대 제가 지혜의 눈을
빨리 뜨게 해 주십시오

나무대비관세음 南無大悲觀世音
願我速度一切衆
자비하신 관세음께 귀의하오니
원컨대 제가 모든 중생들을
빨리 제도케 해 주십시오

나무대비관세음 南無大悲觀世音
願我早得善方便
자비하신 관세음께 귀의하오니
원컨대 제가 좋은 방편을
빨리 얻게 해 주십시오

나무대비관세음 南無大悲觀世音
자비하신 관세음께 귀의하오니

원아속승반야선 願我速乘般若船
원컨대 제가 반야의 배를
빨리 타게 해 주십시오

나무대비관세음 南無大悲觀世音
자비하신 관세음께 귀의하오니

원아조득월고해 願我早得越苦海
원컨대 제가 괴로움의 바다를
빨리 건너게 해 주십시오

나무대비관세음 南無大悲觀世音
자비하신 관세음께 귀의하오니

원아속득계정도 願我速得戒定道
원컨대 제가 계·정의 길을
빨리 가게 해 주십시오

나무대비관세음
南無大悲觀世音
원아조등원적산
願我早登圓寂山
나무대비관세음
南無大悲觀世音
원아속회무위사
願我速會無爲舍
나무대비관세음
南無大悲觀世音
원아조동법성신
願我早同法性身

자비하신 관세음께 귀의하오니
원컨대 제가 열반산에
빨리 오르게 해 주십시오

자비하신 관세음께 귀의하오니
원컨대 제가 무위집에
빨리 노이게 해 주십시오

자비하신 관세음께 귀의하오니
원컨대 제가 법성의 몸과 같게
빨리 해 주십시오

아약향도산
我若向刀山
도산자최절
刀山自摧折
아약향화탕
我若向火湯
화탕자소멸
火湯自消滅
아약향지옥
我若向地獄
지옥자고갈
地獄自枯渇

제가 만약 칼산에 가면

칼산이 저절로 무너져 버리고

제가 만약 화탕지옥에 가면

화탕지옥이 저절로 없어지고

제가 만약 지옥에 가면

지옥이 저절로 말라 없어지며

아야향아귀 我若向餓鬼
제가 만약 아귀가 있는 곳에 가면

아귀자포만 餓鬼自飽滿
굶주린 아귀가 저절로 배가 불러지며

아약향수라 我若向修羅
제가 만약 아수라에 가면

악심자조복 惡心自調伏
악한 마음이 저절로 항복받아 없어지고

아약향축생 我若向畜生
제가 만약 축생의 세계로 가면

자득대지혜 自得大智慧
축생이 스스로 큰 지혜를 얻게 됩니다

나무관세음보살마하살
南無觀世音菩薩摩訶薩

나무대세지보살마하살
南無大勢至菩薩摩訶薩

나무천수보살마하살
南無千手菩薩摩訶薩

나무여의륜보살마하살
南無如意輪菩薩摩訶薩

나무대륜보살마하살
南無大輪菩薩摩訶薩

나무관자재보살마하살
南無觀自在菩薩摩訶薩

관세음보살 마하살님께
귀의합니다

대세지보살 마하살님께
귀의합니다

천수보살 마하살님께
귀의합니다

여의륜보살 마하살님께
귀의합니다

대륜보살 마하살님께
귀의합니다

관자재보살 마하살님께
귀의합니다

나무정취보살마하살
南無正趣菩薩摩訶薩

나무만월보살마하살
南無滿月菩薩摩訶薩

나무수월보살마하살
南無水月菩薩摩訶薩

나무군다리보살마하살
南無軍茶利菩薩摩訶薩

나무십일면보살마하살
南無十一面菩薩摩訶薩

나무제대보살마하살
南無諸大菩薩摩訶薩

정취보살 마하살님께 귀의합니다

만월보살 마하살님께 귀의합니다

수월보살 마하살님께 귀의합니다

군다리보살 마하살님께 귀의합니다

십일면보살 마하살님께 귀의합니다

모든 대보살 마하살님께 귀의합니다

나무본사아미타불
南無本師阿彌陀佛

나무본사아미타불
南無本師阿彌陀佛

나무본사아미타불
南無本師阿彌陀佛

본사아미타부처님께
귀의합니다

본사아미타부처님께
귀의합니다

본사아미타부처님께
귀의합니다

◇ **신묘장구대다라니** 神妙章句大陀羅尼 (신묘하고 불가사의한 큰 다라니)

나모라 다나다라 야야 나막알약 바로기제 새바라야 모지사다바야 마하사다바야 마하가로 니가야 옴 살바 바예수 다라나 가라야 다사명 나막까리 다바 이맘알야 바로기제 새바라 다바

니라간타 나막하리나야 마발다 이사미

살발타 사다남 수반 아예염 살바 보

다남 바바말아 미수다감 다냐타 옴

아로게 아로가 마지로가 지가란제 혜

혜하례 마하모지 사다바 사마라 사마

라 하리나야 구로구로 갈마 사다야

사다야 도로도로 미연제 마하 미연제
다라다라 다린 나례 새바라 자라자라
마라미마라 아마라 몰제 예혜혜 로계
새바라 라아미사미 나사야 나베 사미
사미 나사야 모하자라 미사미 나사야
호로호로 마라호로 하례 바나마나바

사라사라 시리시리 소로소로 못쟈못쟈
모다야 모다야 매다리야 니라간타 가
마사 날사남 바라하라나야 마낙 사바
하 싯다야 사바하 마하싯다야 사바
싯다유예 새바라야 사바하 니라간타야
사바하 바라하 목카싱하 목카야 사바하

바나마 하따야 사바하 자가라 욕다야

사바하 상카섭나녜 모다나야 사바하

마하라 구타다라야 사바하 바마사간타

이사시체다 가릿나 이나야 사바하 먀

가라잘마 이바사나야 사바하

나모라 다나다라 야야 나막알야 바로

기제 새바라야 사바하

나모라 다나다라 야야 나막알야 바로

기제 새바라야 사바하

나모라 다나다라 야야 나막알야 바로

기제 새바라야 사바하

사방찬 (동서남북의 사방을 찬탄함)

◇ 四方讚

일쇄동방결도량
一灑東方潔道場

첫째 동쪽에 물 뿌리면
도량이 맑아지고

이쇄남방득청량
二灑南方得淸涼

둘째 남쪽에 물 뿌리면
시원함을 얻으며

삼쇄서방구정토
三灑西方俱淨土

셋째 서쪽에 물 뿌리면
극락정토 이뤄지고

사쇄북방영안강
四灑北方永安康

넷째 북쪽에 물 뿌리면
영원한 편안함을 얻는다

◇ **도량찬** (도량이 깨끗함을 찬탄함)
道場讚

도량청정무하예
道場淸淨無瑕穢

삼보천룡강차지
三寶天龍降此地

아금지송묘진언
我今持誦妙眞言

원사자비밀가호
願賜慈悲密加護

도량이 깨끗하여
티끌과 더러움 없으니

불·법·승 삼보와 천룡팔부가
땅에 내려

제가 이제 묘한 진언을
지니고 외우니

원컨대 자비를 내려서 은밀하고
비밀스럽게 지켜 주십시오

◇ **참회게** (죄를 참회하는 게송)
懺悔偈

아석소조제악업
我昔所造諸惡業

개유무시탐진치
皆由無始貪瞋癡

종신구의지소생
從身口意之所生

일체아금개참회
一切我今皆懺悔

제가 먼 옛날부터 지은
모든 악업은

오랜 옛적부터 익혀온
탐·진·치 때문이며

몸·입·생각의 삼업으로 해서
생기었으니

모든 것을 이제 진심으로
참회합니다

참제업장십이존불 (업장 참회를 증명하는 열두 부처님)

◇ 懺除業障 十二尊佛

나무참제업장보승장불
南無懺除業障寶勝藏佛

보광왕화염조불
寶光王火炎照佛

일체향화자재력왕불
一切香火自在力王佛

백억항하사결정불
百億恒河沙決定佛

진위덕불
振威德佛

남에게 진 신세와 허물을 참회하여 부르는 부처님 명호

사치와 낭비를 참회하여 부르는 부처님 명호

한평생 동안 저지른 죄업을 참회하여 부르는 부처님 명호

살생한 죄업을 참회하여 부르는 부처님 명호

사음과 악담한 죄업을 참회하여 부르는 부처님 명호

금강견강소복괴산불
金剛堅强消伏壞散佛

보광월전묘음존왕불
寶光月殿妙音尊王佛

환희장마니보적불
歡喜藏摩尼寶積佛

무진향승왕불
無盡香勝王佛

사자월불
獅子月佛

환희장엄주왕불
歡喜莊嚴珠王佛

지옥에 떨어질 죄업을 소멸코자
참회하여 부르는 부처님 명호

부처님 설법을 듣는 공덕을
찬탄하여 부르는 부처님 명호

일생 동안 성낸 죄업을 참회하여
부르는 부처님 명호

무량한 세월 동안 생사 고통을 소멸
코자 발원하여 부르는 부처님 명호

축생으로 태어날 죄업을 소멸코자
발원하여 부르는 부처님 명호

살생 도둑질 등의 죄업을 소멸코자
발원하여 부르는 부처님 명호

제보당마니승광불
帝寶幢摩尼勝光佛

탐욕을 저지른 온갖 죄업을 소멸코자
발원하여 부르는 부처님 명호

◇ **십악참회** (열 가지 악업을 참회하는 게송)
十惡懺悔

살생중죄금일참회
殺生重罪今日懺悔
살생으로 지은 죄 오늘 저는
참회합니다

투도중죄금일참회
偸盜重罪今日懺悔
도둑질로 지은 죄 오늘 저는
참회합니다

사음중죄금일참회
邪淫重罪 今日懺悔

망어중죄금일참회
妄語重罪 今日懺悔

기어중죄금일참회
綺語重罪 今日懺悔

양설중죄금일참회
兩舌重罪 今日懺悔

악구중죄금일참회
惡口重罪 今日懺悔

탐애중죄금일참회
貪愛重罪 今日懺悔

부정으로 지은 죄 오늘 저는
참회합니다

거짓말로 지은 죄 오늘 저는
참회합니다

아첨으로 지은 죄 오늘 저는
참회합니다

이간질로 지은 죄 오늘 저는
참회합니다

악담으로 지은 죄 오늘 저는
참회합니다

탐욕으로 지은 죄 오늘 저는
참회합니다

진에중죄금일참회
瞋恚重罪今日懺悔

치암중죄금일참회
癡暗重罪今日懺悔

백겁적집죄 일념돈탕제
百劫積集罪 一念頓蕩除

여화분고초 멸진무유여
如火焚枯草 滅盡無有餘

죄무자성종심기
罪無自性從心起

심약멸시죄역망
心若滅時罪亦亡

성냄으로써 지은죄 오늘 저는
참회합니다

어리석음으로 지은죄 오늘 저는
참회합니다

백겁 동안 쌓인 나의 모든 죄업
한 순간에 모두 제거해 주십시오

마른 풀이 일시에 불타듯이 죄의
자취 남김없이 소멸해 주십시오

죄는 본래 실체가 없는데
마음 쫓아 일어난 것이므로

마음이 소멸되면
죄 또한 없어집니다

죄망심멸양구공
罪亡心滅兩俱空
시즉명위진참회
是則名爲眞懺悔

죄와 마음이 없어져서
그 두 가지가 함께 비게 되면
이것이야말로 진짜
참된 참회라 하겠습니다

참회진언

◇ 懺悔眞言 (죄업을 참회하는 참된 말)

옴 살바 못자 모지 사다야 사바하 (세 번)

준제공덕취 准提功德聚
준제진언은 공덕의
큰 덩어리인데

적정심상송 寂靜心常誦
이것을 항상 고요한 마음으로
외워야 합니다

일체제대난 一切諸大難
일체의 모든 재난들이

무능침시인
無能侵是人

천상급인간
天上及人間

수복여불등
受福如佛等

우차여의주
遇此如意珠

정획무등등
定獲無等等

준제진언 외우는 사람에겐
능히 침범하지 못합니다

천상사람이나 보통사람들이 모두

부처님처럼 똑같이
복을 받습니다

이 여의주를 만난 이는

반드시 큰 깨달음을
얻을 것입니다

나무 칠구지불모 대준제보살 (세 번)
南無 七俱胝佛母 大准提菩薩

◇ **정법계진언** (법계를 깨끗이 하는 참된 말)
淨法界眞言

옴 남 (세 번)

◇ **호신진언** (몸을 보호하는 진언)
護身眞言

옴 치림 (세 번)

◇ **관세음보살 본심미묘 육자대명왕진언**
觀世音菩薩 本心微妙 六字大明王眞言
(관세음보살님의 자비심을 지닌 육자대명왕 진언)

옴 마니 반메 훔 (세 번)

◇ **준제진언** (준제보살의 진언)
准提眞言

**나무 사다남 삼먁 삼못다 구치남 다냐타
옴 자례 주례 준제 사바하 부림** (세 번)

아금지송대준제
我今持誦大准提

제가 이제 대준제진언을
외워 지니노니

즉발보리광대원
即發菩提廣大願
곧 보리심을 발하고
넓고 큰 원 발해지이다

원아정혜속원명
願我定慧速圓明
원컨대 제가 삼매를 통하여
정과 지혜가 원만히 밝아지고

원아공덕개성취
願我功德皆成就
원컨대 제가 공덕이
다 성취되어지다

원아승복변장엄
願我勝福遍莊嚴
원컨대 제가 훌륭한 복으로
모든 것이 성취되고

원공중생성성불도
願共衆生成佛道
모든 중생이 다 함께
불도 이루어지이다

◇ **여래십대발원문** (부처님께 올리는 열 가지 발원문)

如來十大發願文

원아영리삼악도
願我永離三惡道

원아속단탐진치
願我速斷貪瞋癡

원아상문불법승
願我常聞佛法僧

원아근수계정혜
願我勤修戒定慧

저는 지옥·아귀·축생의 삼악도를
영원히 떠나 사람다운 삶을 원합니다

저는 탐·진·치 삼독을
빨리 끊기를 원합니다

저는 불·법·승 삼보에 대해
듣기를 원합니다

저는 계·정·혜 삼학을
부지런히 닦기를 원합니다

원아항수제불학
願我恒隨諸佛學
저는 항상 부처님의 법을
따라서 배우기를 원합니다

원아불퇴보리심
願我不退菩提心
저는 깨달음의 마음에서
물러서지 않기를 원합니다

원아결정생안양
願我決定生安養
저는 반드시 안양국에
태어나기를 원합니다

원아속견아미타
願我速見阿彌陀
저는 이제 빨리 아미타불께
친견하기를 원합니다

원아분신변진찰
願我分身遍塵刹
저는 이제 몸이 먼지처럼
많은 곳에 두루 나투기를 원합니다

원아광도제중생
願我廣度諸衆生
저는 모든 중생들을
널리 제도하기를 원합니다

◇ **발사홍서원** (네 가지 큰 서원을 세움)

發四弘誓願

중생무변서원도
衆生無邊誓願度
끝없는 모든 중생을
맹세코 다 제도하기를 원합니다

번뇌무진서원단
煩惱無盡誓願斷
끝없는 번뇌
맹세코 다 끊기를 원합니다

법문무량서원학
法門無量誓願學
끝없는 법문을
맹세코 모두 배우기를 원합니다

불도무상서원성
佛道無上誓願成
끝없는 부처님의 깨달음을
맹세코 이루기를 원합니다

자성중생서원도 自性衆生誓願度

자성번뇌서원단 自性煩惱誓願斷

자성법문서원학 自性法門誓願學

자성불도서원성 自性佛道誓願成

자성 속의 중생을 맹세코 건지리라

자성 속의 번뇌를 맹세코 끊으리라

자성 속의 법문을 맹세코 배우리다

자성 속의 깨달음을 맹세코 이루리다

발원이 귀명례삼보 (발원을 마치고 삼보님께 귀의함)

發願已 歸命禮三寶

나무상주시방불 시방에 항상 계신 부처님께
南無常住十方佛 귀의하며 받드옵니다

나무상주시방법 시방에 항상 있는 법에
南無常住十方法 귀의하며 받드옵니다

나무상주시방승 시방에 항상 계신 스님들께
南無常住十方僧 귀의하며 받드옵니다

● 일반적으로 천수경 독송은 여기서 끝나지만 불공이나 염불당에서 염불할 때 다음 네 가지로 진언을 하고 염불수행시에는 장엄염불로 이어진다.

◇ 淨三業眞言

정삼업진언 (삼업을 깨끗이 하는 진언)

옴 사바바바 수다살바 달마 사바바바 수도함 (세번)

●삼업이란 몸으로 지은 업(살생 투도 사음)과 입으로 지은 업(망어 기어 양설 악구)과 뜻으로 지은 업(탐·진·치)를 말한다.

◇ 開壇眞言

개단진언 (법단을 여는 진언)

옴 바아라 뇌로 다가다야 삼마야 바라베 사야 훔 (세번)

54

◇ **건단진언** (법단을 세우는 진언)
建壇眞言

옴 난다난다 나지나지 난다바리 사바하 (세 번)

◇ **정법계진언** (법의 세계를 깨끗이 하는 진언)
淨法界眞言

나자색선백
羅字色鮮白

곱고 고운 빛으로 진언 편 것이

공점이엄지
空點以嚴之

공점으로 갖추어진 장엄같을세

여피계명주 如彼髻明珠

맑고도 곱게 생긴 밝은 구슬이

치지어정상 置之於頂上

정상의 높은 데서 광명내시네

진언동법계 眞言同法界

진언과 법계가 둘이 아닐세

무량중죄제 無量重罪除

한없이 지은 모든 죄업 소멸하오며

일체촉예처 一切觸穢處

갖가지 나쁜 곳에 부딪칠 때에도

당가차자문 當加此字門

마땅히 이 진언을 지송합니다

나무 사만다 못다남 남 (세 번)

한글 천수경[千手經]

무비스님

◇입으로 지은 죄업을 깨끗이 하는 진언[淨口業眞言]
 "수리수리 마하수리 수수리 사바하"
 (세 번)
-훌륭하고, 훌륭하신 분이시여, 크게 훌륭하시고, 지극히 훌륭하시고, 참으로 훌륭하십니다.-

◇모든 신을 편안케 하는 진언[五方內外安慰諸神眞言]
 "나무 사만다 못다남 옴 도로도로 지미 사바하" (세 번)
-널리 온 우주에 가득히 계시는 부처님들

께 귀의하여 받듭니다. 모든 신들이 신성하고 자연스럽게 안위되도록 바라고 성취되게 하십시오.-

◇경을 펼치는 게송[開經偈]
부처님의 법은 가장 높고, 가장 깊고, 가장 미묘해서, 수억만년의 오랜 세월 동안에도 만나뵙기 어렵지만, 저는 이제 불법을 듣고, 경전을 보고, 간직하오니, 원컨대 부처님의 진실한 뜻을 잘 알게 해 주십시오.

◇진리의 법장을 여는 진언[開法藏眞言]
"옴 아라남 아라다" (세 번)
-번뇌가 없는 편안한 마음으로 깊은 경지에 도달하게 하십시오.-

천수 천안 관세음보살님의 광대하고 원

만하신 대자비심의 위대한 다라니를 청합니다.
자비의 어머니 관세음보살 대비주께 머리 숙여 귀의합니다.
님의 원력은 넓고 깊으며, 그 모습은 너무나 원만하여, 천 개의 장엄하신 손으로 우리를 널리 보호하고 감싸주시며, 천 개의 눈으로 빛을 내어 널리 두루 관찰하여 비추십니다.
진실한 말 가운데 비밀스럽고 불가사의한 말씀을 베풀어, 아무 조건 없는 가운데 자비심을 일으킵니다.
중생들의 온갖 소원 하루 속히 이뤄져서 만족하게 하시고, 모든 죄업 영원히 소멸시켜 없애 주십니다.

천룡, 모든 성인들 다 자비로 보호하시어,

백천 가지 온갖 삼매를 한꺼번에 닦아서,
받아지닌 저의 몸은 큰 광명의 깃발이며,
받아지닌 저의 마음은 신통의 창고같으니,
온갖 번뇌 씻어내고 원하는 바 성취하여,
깨달음의 방편문 한꺼번에 성취하게 되어,
제가 이제 관음대비주를 칭송 귀의하오니,
원하는 바가 자신의 뜻대로 이뤄지이다.

자비하신 관세음께 귀의하오니, 원컨대 제가 일체 모든 법을 빨리 알게 해주십시오.
 자비하신 관세음께 귀의하오니, 원컨대 제가 지혜의 눈을 빨리 뜨게 해주십시오.
 자비하신 관세음께 귀의하오니, 원컨대 제가 모든 중생들 빨리 제도케 해주십시오.
 자비하신 관세음께 귀의하오니, 원컨대 제가 좋은 방편을 빨리 얻게 해주십시오.
 자비하신 관세음께 귀의하오니, 원컨대

제가 반야의 배를 빨리 타게 해주십시오.
 자비하신 관세음께 귀의하오니, 원컨대 제가 괴로움바다 빨리 건너게 해주십시오.
 자비하신 관세음께 귀의하오니, 원컨대 제가 계·정의 길을 빨리 가게 해주십시오.
 자비하신 관세음께 귀의하오니, 원컨대 제가 열반산에 빨리 오르게 해주십시오.
 자비하신 관세음께 귀의하오니, 원컨대 제가 무위집에 빨리 모이게 해주십시오.
 자비하신 관세음께 귀의하오니, 원컨대 제가 법성의 몸과 같게 빨리 해주십시오.

제가 만약 칼산에 가면, 칼산이 저절로 무너져버리고, 제가 만약 화탕지옥에 가면, 화탕지옥이 저절로 없어지고, 제가 만약 지옥에 가면, 지옥이 저절로 말라서 없어지며, 제가 만약 아귀가 있는 곳에 가면,

굶주린 아귀가 저절로 배가 불러지며, 제가 만약 아수라에 가면, 악한 마음이 저절로 항복받아 없어지고, 제가 만약 축생의 세계로 가면, 축생이 스스로 큰 지혜를 얻게 됩니다.

관세음보살 마하살님께 귀의합니다.
대세지보살 마하살님께 귀의합니다.
천수보살 마하살님께 귀의합니다.
여의륜보살 마하살님께 귀의합니다.
대륜보살 마하살님께 귀의합니다.
관자재보살 마하살님께 귀의합니다.
정취보살 마하살님께 귀의합니다.
만월보살 마하살님께 귀의합니다.
수월보살 마하살님께 귀의합니다.
군다리보살 마하살님께 귀의합니다.
십일면보살 마하살님께 귀의합니다.

모든 대보살 마하살님께 귀의합니다.

 "본사아미타부처님께 귀의합니다."

 (세 번)

◇신묘하고 불가사의한 큰 다라니[神妙章句大陀羅尼]

(1)나모라 다나다라 야야, (2)나막알약 바로기제 새바라야 모지 사다바야 마하 사다바야 마하가로 니가야, (3)옴 살바 바예수 다라나 가라야 다사명 나막까리 다바 이맘 알야 바로기제 새바라 다바, (4)니라간타 나막하리나야 마발다 이사미 살발타 사다남 수반 아예염 살바 보다남, (5)바바말아 미수다감 다냐타 옴 아로계 아로가 마지로가 지가란제 혜혜하례, (6)마하모지 사다바 사마라 사마라 하리나야 구로구로 갈마 사다야 사다야 도로도로 미연제,(7)마하 미연제 다라 다라 다린 나례 새바라 자

라자라 마라 미마라 아마라 몰제 예혜혜, (8)로계새바라 라아미사미 나사야 나베 사미사미 나사야 모하자라 미사미 나사야 호로호로, (9)마라호로 하례 바나마나바 사라사라 시리시리 소로소로 못쟈못쟈 모다야 모다야, (10)매다리야 니라간타 가마사 날사남 바라하라나야 마낙 사바하, (11)싯다야 사바하, (12)마하싯다야 사바하, (13)싯다유예 새바 라야 사바하, (14)니라간타야 사바하, (15)바라하 목카싱하목카야 사바하, (16)바나마 하다야 사바하, (17)자가라 욕다야 사바하, (18)상카섭나녜 모다나야 사바하, (19)마하라 구타다라야 사바하, (20)바마사간타 이사 시체다 가릿나 이나야 사바하, (21)먀가라 잘마 이바 사나야 사바하

 "나모라 다나다라 야야 나막알야 바로기제 새바라야 사바하" (세 번)

⑴삼보께 귀의합니다. ⑵성관자재께 귀의합니다. ⑶일체의 두려움을 구제해주시는 분께 귀의합니다. ⑷저, 청경이란 명성 높은 마을의 주(呪)에 회귀합니다. 일체의 목적, 일체의 이익을 성취하시고 길상으로서 일체의 모든 정명, 귀신들이 이길 수 없는 분이시여! 어진 관세음보살께 귀의합니다. ⑸모든 삶의 길에서 우리를 청정케 하옵시는 분이시여! 옴, 광명존분이시여! 광명의 지혜존이시여! 세간을 초월하신 분이시여! 오오, 관세음이시여! 우리를 피안으로 실어 나르옵소서. ⑹위대한 보살이시여! 우리가 외우는 진언을 기억하옵소서, 성취하옵소서, 성취케 하옵소서, 우리를 보호하고 굳게 지켜 주옵소서, 우리를 보호하고 굳게 지켜 주옵소서. ⑺위대하신 승리자시여! 보호해 주옵소서, 보호해 가지는 주인이시여!

자재존이시여! 발동하옵소서, 우리들의 불행을 초탈한 분이시여, 진구가 청정 원만한 분이시여! 우리에게로 오십시오. (8)세간의 주인이신 자재존이시여! 탐심의 독을 소멸케 하옵소서, 어서 빨리 가져가십시오. 취(取)해 가십시오. (9)진구(때)를 취거하옵소서, 연꽃의 마음을 간직한 이여! 감로법수(甘露法水)를 유출하옵소서, 감로의 지혜광명을 유출하옵소서, 깨치옵소서, 깨닫게 하옵소서, (10)자비심이 깊으신 청경 관음존이시여! 보는 것을 바라는 자에게 환희·공경심을 내게 하는 분이시여! 성취하게 하소서. (11)성취하신 분이시여! (12)위대하신 분이시여! (13)요가를 성취하신 자재존이시여! (14)청경 관음존이시여! (15)사자 얼굴의 관세음보살이시여! (16)연꽃의 관음존이시여! (17)큰바위를 들고 전투하는 관음존이시여! (18)법소라 나팔 소리로써 깨닫게 하시는 관세음보살이시여! (19)큰 곤봉을 가진 관음존이시여! (20)왼쪽 어깨의 모서리를 지키는 흑색의 승리자이신 관음존이시여! (21)호랑이 가죽옷을 입은 관음존이시여!

-삼보께 귀의하며 받드옵니다. 성스런 관자재보살께 귀의합니다.-

◇동서남북의 사방을 찬탄함[四方讚]
첫째, 동쪽에 물 뿌리면 도량이 맑아지고,
둘째, 남쪽에 물 뿌리면 시원함을 얻으며,
셋째, 서쪽에 물 뿌리면 극락정토구족하고,
넷째, 북쪽에 물을 뿌리면 영원한 편안함을 얻는다.

◇도량이 깨끗함을 찬탄함[道場讚]

 도량이 깨끗하여 티끌과 더러움 없으니,
불·법·승 삼보와 천룡팔부가 땅에 내려,
제가 이제 묘한 진언을 지니고 외우니,
원컨대 자비를 내려서 은밀하고 비밀스럽게 지켜 주십시오.

◇죄를 참회하는 게송[懺悔偈]
제가 먼 옛날부터 지은 모든 악업은,
오랜 옛적부터 익혀온 탐·진·치 때문이며,
몸·입·생각의 삼업으로 해서 생기었으니,
모든 것을 이제 진심으로 참회합니다.

◇업장 참회를 증명하는 열두 부처님[懺除業障十二尊佛]
참제업장 보승장불께 참회합니다.
보광왕화염조불께 참회합니다.
일체향화자재력왕불께 참회합니다.

백억항하사결정불께 참회합니다.
진위덕불께 참회합니다.
금강견강소복괴산불께 참회합니다.
보광월전묘음존왕불께 참회합니다.
환희장마니보적불께 참회합니다.
무진향승왕불께 참회합니다.
사자월불께 참회합니다.
환희장엄주왕불께 참회합니다.
제보당마니승광불께 참회합니다.

◇열 가지 악업을 참회[十惡懺悔]
살생으로 지은 죄 오늘 저는 참회합니다.
도둑질로 지은 죄 오늘 저는 참회합니다.
부정으로 지은 죄 오늘 저는 참회합니다.
거짓말로 지은 죄 오늘 저는 참회합니다.
아첨으로 지은 죄 오늘 저는 참회합니다.
이간질로 지은 죄 오늘 저는 참회합니다.

악담으로 지은 죄 오늘 저는 참회합니다.
탐욕으로 지은 죄 오늘 저는 참회합니다.
성냄으로 지은 죄 오늘 저는 참회합니다.
어리석음으로 지은 큰죄 오늘 저는 참회합니다.

백겁 동안 쌓인 나의 모든 죄업을,
한 순간에 모두 제거해 주십시오.
마치 마른 풀더미가 일시에 불타버리듯이
죄의 자취 남김없이 소멸되게 해주십시오.

죄는 본래 실체가 없는데 마음 쫓아 일어난 것이므로 마음이 소멸되면 죄 또한 없어집니다.
죄와 마음이 없어져서 그 두 가지가 함께 비게 되면, 이것이야말로 진짜 참된 참회라 하겠습니다.

◇죄업을 참회하는 참된 말[懺悔眞言]
 "옴 살바못자 모지 사다야 사바하" (세 번)
 -일체의 불보살님께 귀의합니다.-

 준제진언은 공덕의 큰 덩어리인데 이것을
항상 고요한 마음으로 외워야 합니다.
일체의 모든 재난들이 준제진언을 외우는
사람에게는 능히 침범하지 못합니다.
천상 사람이나 보통 사람들이 모두 부처님
처럼 똑같이 복을 받습니다.
이 여의주를 만난 이는 반드시 큰 깨달음
을 얻을 것입니다.

 "나무 칠구지불모 대준제보살" (세 번)
 -칠억 부처님을 키워낸 부처님의 어머니인
위대한 준제보살님께 귀의합니다.-

◇법계를 깨끗이 하는 참된 말[淨法界眞言]
 "옴 남" (세 번)
-일체의 모든 망상을 태워버리고 깨달음의 문에 들게 하십시오.-

◇몸을 보호하는 진언[護身眞言]
 "옴 치림" (세 번)
-행복, 영광, 번영, 안녕, 평화 등 좋은 일은 자신으로부터 나옵니다.-

◇관세음보살님의 자비심을 지닌 육자대명왕 진언[觀世音菩薩本心微妙六字大明王眞言]
 "옴 마니 반메 훔" (세 번)
-처음부터 끝까지 마음의 구슬로 연꽃을 피웁니다.-

◇준제보살의 진언[准提眞言]

"나무 사다남 삼먁 삼못다 구치남 다냐타 옴 자례 주례 준제 사바하 부림" (세 번)
- 칠억 부처님께 귀의합니다. 일체 청정의 어른이시여, 성취하십시오. -

제가 이제 대준제진언을 외워 지니노니, 곧 보리심을 발하고, 넓고 큰 원이 발해지이다.

원컨대 제가 삼매를 통해서 정과 지혜가 원만히 밝아지고, 크고 작은 공덕이 다 성취되어지다.

원컨대 제가 훌륭한 복으로 모든 것이 성취되고, 모든 중생이 다 함께 불도를 이루어지이다.

◇부처님께 십대발원 세움[如來十大發願文]

저는 지옥·아귀·축생의 삼악도를 영원히 떠나 사람다운 삶을 원합니다.

저는 탐·진·치 삼독을 빨리 끊기를 원합니다.

저는 항상 불·법·승 삼보에 대해 듣기를 원합니다.

저는 계·정·혜 삼학을 부지런히 닦기를 원하옵니다.

저는 항상 모든 부처님의 법을 따라서 배우기를 원합니다.

저는 깨달음의 마음에서 물러서지 않기를 원합니다.

저는 반드시 안양국에 태어나기를 원합니다.

저는 이제 빨리 아미타불께 친견하기를 원합니다.

저는 이제 몸이 먼지처럼 많은 곳에 두루 나투기를 원합니다.
저는 모든 중생들을 널리 제도하기를 원하옵니다.

◇네 가지 큰 서원을 세움[發四弘誓願]
끝없는 모든 중생을 맹세코 다 제도하기를 원합니다.
끝없는 번뇌 맹세코 다 끊기를 원합니다.
끝없는 법문을 맹세코 모두 배우기를 원합니다.
끝없는 부처님의 깨달음을 맹세코 이루기를 원합니다.

자성 속의 중생을 맹세코 건지리다.
자성 속의 번뇌를 맹세코 끊으리다.
자성 속의 법문을 맹세코 배우리다.

자성 속의 깨달음을 맹세코 이루리다.

◇발원을 마치고 삼보님께 귀의함[發願已歸命禮三寶]
시방에 항상 계신 부처님께 귀의하며 받드옵니다.
시방에 항상 있는 법에 귀의하며 받드옵니다.
시방에 항상 계신 스님들께 귀의하며 받드옵니다.(세 번)

마하반야바라밀다심경

摩訶般若波羅蜜多心經

관자재보살 행심반야바라밀다시 조견

觀自在菩薩 行深般若波羅蜜多時 照見

오온개공 도일체고액

五蘊皆空 度一切苦厄

사리자 색불이공 공불이색 색즉시공

舍利子 色不異空 空不異色 色卽是空

공즉시색 수상행식 역부여시

空卽是色 受想行識 亦復如是

사리자 시제법공상 불생불멸 불구부

舍利子 是諸法空相 不生不滅 不垢不

정 부증불감

淨 不增不減

시고 공중무색 무수상행식

是故 空中無色 無受想行識

무안이비설신의 무색성향미촉법 무안계

無眼耳鼻舌身意 無色聲香味觸法 無眼界

내지 무의식계

乃至 無意識界

무무명 역무무명진 내지 무노사 역무노

無無明 亦無無明盡 乃至 無老死 亦無老

사진 死盡

무고집멸도 無苦集滅道

무지역무득 無智亦無得

이무소득고 以無所得故

보리살타 菩提薩埵

의반야바라밀다 依般若波羅蜜多

고 심무가애 故 心無罣碍

무가애고 無罣碍故

무유공포 無有恐怖

원 遠

리 전도몽상 離 顚倒夢想

구경열반 究竟涅槃

삼세제불 三世諸佛

의반야바라밀다고 依般若波羅蜜多故

득아뇩다 得阿耨多

83

라삼먁삼보리 羅三藐三菩提

고지 반야바라밀다 시대신주 故知 般若波羅蜜多 是大神呪

주 시무상주 시무등등주 呪 是無上呪 是無等等呪

능제일체고 진실불허 고설 반야바라 能除一切苦 眞實不虛 故說 般若波羅

밀다주 蜜多呪

즉설주왈 卽說呪曰

시대명 是大明

| 揭諦揭諦 | 아제아제 | 揭諦揭諦 | 사바하 | 娑婆訶 | 揭諦揭諦 | 아제아제 | 揭諦揭諦 | 사바하 | 娑婆訶 | 搖諦搖諦 | 아제아제 | 사바하 | 娑婆訶 |

바라아제
波羅揭諦

바라아제
波羅揭諦

바라아제
波羅揭諦

바라승아제
波羅僧揭諦

바라승아제
波羅僧揭諦

바라승아제
波羅僧揭諦

모지
菩提

모지
菩提

모지
菩提

한글 반야심경[般若心經]

무비스님

'마하반야바라밀다심경(摩訶般若波羅蜜多心經)'은 위대한 지혜로 피안에 도달하는 가장 핵심되는 부처님의 말씀이다.

'마하'는 크다, 많다, 위대하다의 뜻이고, '반야'는 지혜, 깨달음의 뜻이며, '바라밀다'는 깨달음의 언덕에 이르다는 뜻이다. '심경'은 핵심이 되는 부처님의 말씀이란 뜻이다.

觀自在菩薩 行深般若波羅蜜多時
관자재보살 행심반야바라밀다시

照見五蘊皆空 度一切苦厄
조견오온개공 도일체고액

관자재보살이 깊은 반야바라밀다를 행할 때 오온(물질적 요소[色], 감각작용[受], 표상작용[想], 의지작용[行], 인식작용[識])이 모두 공함을 확연히 알고 온갖 고액에서 벗어 났느니라.

  舍利子 色不異空 空不異色 色卽是空
  사리자 색불이공 공불이색 색즉시공

  空卽是色 受想行識 亦復如是
  공즉시색 수상행식 역부여시

사리자여, 물질적 현상이 공과 다르지 않고, 공이 곧 물질적 현상과 다르지 않으니, 물질적 현상이 곧 공이요, 공이 곧 물질적 현상이니라. 감각작용, 표상작용, 의지작용 인식작용도 또한 이와 같으니라.

  舍利子 是諸法空相 不生不滅 不垢不淨
  사리자 시제법공상 불생불멸 불구부정

不增不減
부증불감

사리자여, 이 모든 현상계의 본질적 차원에서는 생겨나는 일도 없고, 없어지는 일도 없으며, 더럽지도 않으며, 깨끗하지도 않은 것이며, 늘어나지도 않고 줄어드는 일도 없느니라.

是故 空中無色 無受想行識
시고 공중무색 무수상행식

이러한 까닭에 공의 입장에서는 물질적 현상도 없고 감각작용과 표상작용 그리고 의지작용과 인식작용도 없느니라.

無眼耳鼻舌身意 無色聲香味觸法 無眼界
무안이비설신의 무색성향미촉법 무안계

乃至 無意識界
내지 무의식계

(이 공의 세계에서는) 시각·청각·후각·미각·촉각·사유작용 등 감각작용도 없고 빛깔과 형상·소리·냄새·맛·감촉·비감각적 대상도 없으며, 눈의 영역도 없고 의식의 세계까지도 없느니라.

無無明 亦無無明盡 乃至 無老死 亦無老死盡
무무명 역무무명진 내지 무노사 역무노사진

(이 공의 세계에서는) 무명도 없으며 또한 무명이 다함도 없으며 내지 늙고 죽음도 없고, 또한 늙고 죽음의 다함도 없느니라.

無苦集滅道 無智亦無得
무고집멸도 무지역무득

(이 공의 세계에서는) 괴로움도 없고, 괴로움의 원인도 없고, 그 원인의 소멸도 없고 그 괴로움의 소멸에 이르는 방법도 없느니라. 지혜도 없고, 깨달음을 얻은 것도 없느

니라

以無所得故 菩提薩埵 依般若波羅蜜多故
이무소득고 보리살타 의반야바라밀다고

心無罣碍 無罣碍故 無有恐怖 遠離顚倒夢想
심무가애 무가애고 무유공포 원리전도몽상

究竟涅槃
구경열반

얻을 것이 없는 까닭에 보리살타는 반야바라밀다에 의지하므로 마음에 걸림이 없고 걸림이 없으므로 두려움이 없고 뒤바뀌고 잘못된 생각을 멀리 떠나 마침내는 열반에 이르렀느니라

三世諸佛 依般若波羅蜜多故
삼세제불 의반야바라밀다고

得阿耨多羅三藐三菩提
득아뇩다라삼먁삼보리

과거, 현재, 미래의 모든 부처님도 이 반야바라밀다에 의지하여 최상의 깨달음인 아뇩다라삼먁삼보리를 얻느니라.

故知 般若波羅蜜多 是大神呪 是大明呪
고지 반야바라밀다 시대신주 시대명주

是無上呪 是無等等呪
시무상주 시무등등주

그러므로 알라. 반야바라밀다는 가장 신비한 주문이며, 가장 밝은 주문이며, 최상의 주문이며, 비교할 수 없이 뛰어난 주문이니라.

能除一切苦 眞實不虛 故說 般若波羅蜜多呪
능제일체고 진실불허 고설 반야바라밀다주

능히 일체의 괴로움을 소멸시키며 진실하여 허망하지 않나니, 그러므로 반야바라밀다의 주문을 설하노라.

卽說呪曰 揭諦揭諦 波羅揭諦 波羅僧揭諦
즉설주왈 아제아제 바라아제 바라승아제

菩提 娑婆訶(세 번)
모지 사바하

그 주문은 곧, 가자, 가자, 피안으로 가자, 우리 함께 피안으로 가자. 아! 깨달음이여 원만 성취하리라.(세 번)

도서출판 窓의 "무량공덕" 시리즈

제1권 **금강경**, 무비스님 편저
제2권 **천수·반야심경**, 무비스님 편저
제3권 **부모은중경**, 무비스님 편저
제4권 **목련경**, 무비스님 편저
제5권 **천수·금강경**, 무비스님 편저
제6권 **천수·관음경**, 무비스님 편저
제7권 **관세음보살보문품**, 무비스님 편저
제8권 **금강·아미타경**, 무비스님 편저
제9권 **불설아미타경**, 무비스님 편저
제10권 **예불문**, 무비스님 편저
제11권 **백팔대참회문**, 무비스님 편저
제12권 **약사여래본원경**, 무비스님 편저
제13권 **지장보살예찬문**, 무비스님 편저
제14권 **천지팔양신주경**, 무비스님 편저
제15권 **보현행원품**, 무비스님 편저
제16권 **지장보살본원경(상)**, 무비스님 편저
제17권 **지장보살본원경(하)**, 무비스님 편저
제18권 **무상법문집**, 무비스님 편저
제19권 **대불정능엄신주**, 무비스님 편저
제20권 **수보살계법서**, 무비스님 편저

¤ "무량공덕" 시리즈는 계속 간행됩니다.

☆ 법보시용으로 다량주문시
  특별 할인해 드립니다.

☆ 원하시는 불경의 독송본이나
  사경본을 주문하시면 정성껏
  편집·제작하여 드립니다.

◆무비(如天 無比)스님

· 전 조계종 교육원장
· 범어사에서 여환스님을 은사로 출가
· 해인사 강원 졸업
· 해인사, 통도사 등 여러 선원에서 10여년 동안 안거
· 통도사, 범어사 강주 역임
· 조계종 종립 은해사 승가대학원장 역임
· 탄허스님의 법맥을 이은 강백
· 화엄경 완역 등 많은 집필과 법회 활동

▶저서와 역서

『금강경 강의』, 『보현행원품 강의』, 『화엄경』, 『예불문과 반야심경』, 『반야심경 사경』 외 다수.

천수 · 반야심경

초판 18쇄 인쇄 · 2025년 1월 10일
초판 18쇄 발행 · 2025년 1월 15일
편 저 · 무비 스님
펴낸이 · 이규인
편 집 · 천종근
펴낸곳 · 도서출판 窓
등록번호 · 제15-454호
등록일자 · 2004년 3월 25일

주소 · 서울특별시 마포구 대흥로4길 49, 1층(용강동, 월명빌딩)
전화 · 322-2686, 2687 / 팩시밀리 · 326-3218
e-mail · changbook1@hanmail.net
홈페이지 · (http://www.changbook.co.kr)

ISBN 89-7453-114-3   03220
정가 5,500원

* 파손된 책은 구입하신 서점이나 《도서출판 窓》에서 바꾸어 드립니다.
☞ 염화실(http://cafe.daum.net/yumhwasil)에서 무비스님의 강의를
   들을 수 있습니다.